NOUVELLE
MÉTHODE DE LECTURE
OU
SYLLABAIRE RATIONNEL

POUR APPRENDRE RAPIDEMENT A LIRE AUX ENFANTS
ET AUX ADULTES

« La meilleure introduction à l'étude de l'orthographe,
c'est une bonne méthode de lecture. »   H. BARIC.

« Quiconque sait lire, sait l'art le plus difficile, s'il l'a
appris par la méthode vulgaire. »   DECLOS.

A SAINT-ÉTIENNE (LOIRE)
MICHEL, LIBRAIRE, RUE SAINT LOUIS, 3
TOUS LES LIBRAIRES DE FRANCE ET DE BELGIQUE.

NOUVELLE
MÉTHODE DE LECTURE

ou

SYLLABAIRE RATIONNEL

POUR APPRENDRE RAPIDEMENT A LIRE AUX ENFANTS ET AUX ADULTES

» La meilleure introduction à l'étude de l'orthographe, c'est une bonne méthode de lecture. »   H. Bahic.

« Quiconque sait lire, sait l'art le plus difficile, s'il l'a appris par la méthode vulgaire.   Duclos.

A SAINT-ÉTIENNE (Loire)

CHEZ M. MICHEL, LIBRAIRE, RUE SAINT-LOUIS, N° 3

ET CHEZ TOUS LES LIBRAIRES DE FRANCE ET DE BELGIQUE.

AVIS

Reproduction, traduction et imitation interdites. — Tout exemplaire non revêtu du chiffre de l'auteur sera réputé contrefait.

Ce Syllabaire, honoré déjà de l'approbation de plusieurs instituteurs, et que néanmoins l'auteur se propose d'améliorer à chaque édition, a l'avantage de se prêter à l'application de méthodes de lecture très-diverses et très-différentes. Quant à celle qui a ses préférences, nous renvoyons, pour plus de renseignements, à l'AVIS AUX MAITRES qui termine cet ouvrage, et dont nous recommandons instamment la lecture à toute personne, membre ou non du corps enseignant, qui voudra bien l'expérimenter et la juger à bon escient.

Des tableaux cartonnés seront faits sur le même plan que ce Syllabaire et à un prix modéré, pour l'enseignement collectif.

ALPHABET RATIONNEL (1).

E	A	I	Y	O
e	a	i	y	o
U	H	P	B	M
u	h	p	b	m
T	D	N	F	V
t	d	n	f	v
K	Q	C	G	J
k	q	c	g	j
L	R	S	Z	X
l	r	s	z	x

(1) Cet alphabet n'a toute sa valeur qu'en adoptant l'appellation moderne : *pe*, *be*, *me*, etc. ; et en conservant aux lettres *e*, *c*, *g*, leur son propre : *eu*, *ke*, *gue*.

CONSONNES DOMINÉES PAR UNE VOYELLE.

pe	pa	pi	py	po	pu
be	ba	bi	by	bo	bu
me	ma	mi	my	mo	mu
te	ta	ti	ty	to	tu
de	da	di	dy	do	du
ne	na	ni	ny	no	nu
fe	fa	fi	fy	fo	fu
phe	pha	phi	phy	pho	phu
ve	va	vi	vy	vo	vu
ke	ka	ki	ky	ko	ku
que	qua	qui	—	quo	quu
—	ca	—	—	co	cu
gue	ga	gui	guy	go	gu
che	cha	chi	chy	cho	chu
je	ja	ji	jy	jo	ju
ge	gea	gi	gy	geo	geu
le	la	li	ly	lo	lu
re	ra	ri	ry	ro	ru
se	sa	si	sy	so	su
ce	ça	ci	cy	ço	çu
ze	za	zi	zy	zo	zu

ALPHABET USUEL.

a b c d e f g h
i j k l m n o p
q r s t u v x y
z w æ œ

SYLLABAIRE

VOYELLES SIMPLES

e a i y o u

A be,   I de,   O te,   U pe*,
â me,   î le,   o de,   u ne,
â ne,   i re,   o ve,   u le,
a re,   y ve*, o ke,   u re,

CONSONNE MUETTE

he ha hi ho hu

Ha ha, hi le, hô te, hu me,
Hâ te, hi de*, ho be*, hu ne,
Hâ le, hy pe*, ho ve*, hu re,

* Portions de mots.

CONSONNES DOMINÉES (1) PAR UNE VOYELLE.

1er *exercice.*

pe pa pi po pu
be ba bi bo bu
me ma mi mo mu

Pa pa,	a pi,	po pe,	a pu,
Pa pe,	pi pe,	pô le,	pu pe,
Pa me,	pi pa,	po re,	pu re,
Ba ba,	bi bi,	bo bo,	a bu,
Bà te,	bi le,	bo ba,	bu be,
Ba ve,	ba by,	bô me,	bu te,
Hu ma,	a mi,	ho mo,	mu te,
Pà ma,	mi me,	mo de,	mu le,
Mi ma,	mi ne,	mô le,	mu re,

2e *exercice.*

te ta ti to tu
de da di do du
ne na ni no nu

(1) On dit qu'une lettre en domine une autre, quand elle la suit dans le corps d'une même syllabe et en modifie le son.

Ta ta,   bà ti,   to pe,   tu be,
Ta pe,   pâ ti,   to me,   tu te,
Tà te,   ty pe,   di to,   tu re,
Da da,   di te,   do do,   do du,
Da me,   di ne,   do te,   du pe,
Da te,   di me,   do me,   du ne,
Bi na,   u ni,   no pe,   à nu,
Mi na,   pu ni,   no te,   me nu,
Dî na,   mu ni,   no ne,   te nu,

RÉCAPITULATION.

Le pa pa ta pe. Ma da me se mi re. Le ba by ba ve. Ta pe ti te mi ne. Ma hu re de ma ta mo re. U ne du re na tu re. Le po pe mu ni de ta no te di na de me nu ba ba. Le bo bo re ve-nu, le ba by se mu ti na. Pi le ta pi pe. I mi te ma pa na de. Le pi re mo bi le du mo no po le. Le to me mo no to ne.

3ᵉ exercice.

fe   fa   fi   fo   fu
phe   pha   phi   pho   phu
ve   va   vi   vo   vu

Fa mi,   fi fi,   fo re,   fu me,
Fa ne,   fi ne,   fo le*,   fu ne,
Fa de,   fi ni,   fo ne*,   fu te*,
Pha re, phi le*, pho re,   phu le*,
Pha le*, phi re*, pho que, phu re*,
Pha ne*, phi te*, pho be*, phu ne*,
Ba va,   vi te,   vo te,   vu te*,
Va de,   vi de,   vo to,   vu le*,
Va nu,   vi ve,   vo mi,   re vu.

4ᵉ exercice.

ke	ka	ki	ko	ku
que	qua	qui	quo	quu
—	ca	—	co	cu
—	ga	—	go	gu
gue	—	gui	—	—

Mo ka,   ki lo,   quo te,   mo qua,
Pi ka,   ki no,   quo ti*, pi qua,
Ca pe,   qui na,   co co,   cu be,
Ca ne,   qui ne,   co ke,   cu ve,
Ca me,   qui no*, co que,   cu re,

* Portions de mots.

Ga gui,   gui pe,   go go,   bi gu*,
Ga te,   gui de,   go be,   ti gu*,
Ga no,   du gui,   go de,   fi gu*.

RÉCAPITULATION.

La ga ze go de. Qui se mo qua de ma fi gu re? Le mo ka se gâ te vi te à la ca ve. Le pha re gui de le navi re. Vo gue à ta gui se. Le co ke fu me. Le pho que se le va. La coqui ne me vo le. Le fu mi vo re va. Cu re ta cu ve. Le ma ki m'a vu. U ne fi gue fi ne. U ne cu pu le d'a ga te, d'o phi te. U ne ca va le de ka by le. Le pho to pho re. Du ki na.

5ᵉ *exercice.*

che	cha	chi	cho	chu
je	ja	ji	jo	ju
ge	—	gi	—	—
—	gea	—	geo	geu
le	la	li	lo	lu
re	ra	ri	ro	ru

*. Portions de mots.

Pa cha, chi che, cho pe, chu te,
Cha pe, chi ne, chô me, chu cho*,
Cha me, Vi chy, cho que, fi chu,
Ja co, gi te, jo be, ju pe,
Ja de, gi gue, jo ve, ju re,
Ja que, mu gi, jo li, ju ge,
Na gea, — geô le, geu re[1],
Ga gea, — geo ne*, —
La che, li me, lo que, lu lu,
La me, li re, lo to, lu te,
La ve, ly re, lo ge, lu ne,
Ra me, ri de, ro be, ru de,
Ra ve, ri che, rô ti, ru che,
Ra ge, ri re, ro che, ru gi,

6ᵉ exercice.

se	sa	si	so	su
ce	—	ci	—	—
—	ça	—	ço	çu
ze	za	zi	zo	zu

* Portions de mots.

(1) *Geu* ne se prononce *ju* que dans les mots : *gageure, vergeure, mangeure*. Partout ailleurs il se prononce *jeu*.

Sa pe,	si te,	so le,	su ce,
Sa le,	si re,	so fa,	sû re,
Sa ge,	si lo,	so lo,	su pe,
De ça,	le ci,	ma ço*,	re çu,
La ça,	ci re,	su ço*,	çu re*,
Su ça,	cy me,	le ço*,	—
Za ma,	a zi,	zo ne,	zu ma*,
Za ni,	zi gue*,	zo te*,	zu re*,
Za ra,	zy me*,	zo le*,	zu le*,
Pe sa(1),	na si,	ba so*,	vi su*,
Ra sa,	be si,	mi so*,	ma su*,
Vi sa,	si sy*,	vi so*,	me su*.

RÉCAPITULATION.

La cha ra de fe ra ri re le ju ge. Je chu cho te. La geô le lo gea le ju ry. L'a zo te s'i so le. Su ço te de la ju ju be. Ce sa ge ri gi de u sa du ci li ce.

* Portions de mots.

(1) *s* entre deux voyelles se prononce *z*. Il a encore ce son, quoique précédé immédiatement d'une consonne, dans *Alsace, Alsacien, balsamine, balsamique, transaction, transiger, transitoire, transition, transit, transitif, transalpin, transhumance*. Il se prononce, au contraire, *se*, quoique entre deux voyelles, dans certains mots composés comme : *vraisemblable, entresol, désuétude, monosyllabe*, etc.

Li sa se la ça i ci. Ça, que je sa che si Sa ra a re çu ce jo li châ le de la Chi ne. L'o ra ge ra va gea la ri ve. A l'o ri gi ne l'u si ne chô ma. La chu te d'u ne so li ve m'a sa li. A zu re la zo ne de la ha chu re. Sa pa ro le ro gue cho que. Le lâ che ru se. La lu ne a pâ li. Sa pi lu le de pâ te de ra ci ne.

DOUBLES CONSONNES SUIVIES D'UNE VOYELLE.

1er exercice.

p..le	p.la	pli	plo	plu
b..le	b.la	bli	blo	blu
f..le	f.la	fli	flo	flu
c..le	c.la	cli	clo	clu
g..le	g.la	gli	glo	glu

Pla que	pli que	plo que	plu me
Pla ce	re pli	plo te*	plu che
Bla se	bli me*	blo que	blu te
Bla gue	bli ge*	blo te*	ra blu

* Portions de mots.

Fla che	fli ge*	flo re	flû te
Fla que	fli te	flo che	flu re*
Cla que	cli che	clo re	clu pe
Cla pi	cli que	clo che	clu me*
Gla ne	gli se*	glo be	glu me
Gla ce	gly phe	glo se	la glu

2^e exercice.

p..re	p.ra	pri	pro	pru
b..re	b.ra	bri	bro	bru
t..re	t.ra	tri	tro	tru
d..re	d.ra	dri	dro	dru
f..re	f.ra	fri	fro	fru
v..re	v.ra	vri	vro	vru

Pra me	pri ve	pro te	pru de
Pra gue	pri se	pro se	pru ne
Bra ve	bri de	bro de	bru te
Bra que	bri que	bro che	bru ne
Tra me	tri pe	tro pe	tru ble
Tra ce	tri ple	tro que	tru che
Dra pe	dri te*	drô le	dru pe

* Portions de mots.

Dra gue	dri ne*	dro gue	dru che*
Fra se	fri pe	frô le	fru ga*
Ba fra	fri me	fro que	fru gi*
Li vra	Li vri	vro se*	—
Vi vra	I vry	vro gue*	—

3^e exercice.

c..re	c.ra	cri	cro	cru
g..re	g.ra	gri	gro	gru
s..pe	s.pa	spi	spo	spu
s..te	s.ta	sti	sto	stu
—	s.ca	—	sco	scu
gne	gna	gni	gno	gnu

Cra che	cri ble	cro che	cru che
Cra que	cri me	cro que	cru re*
Gra de	gri ve	gro gne	gru me
Gra ve	gri se	gro no*	gru ge
Spa hi	spi re	spo re	spu me*
Spa re	spi ca	spo de	spu ta*
Sta ble	sti pe	sto le	stu di*

* Portions de mots.

Sta ge	sty le	sto re	stu pi*
Sca re	—	sco te	scu te*
Gro gna	si gni*	gno re*	gnu de*
Cli gna	Si gny	gno le*	gnu re*

RÉCAPITULATION.

Je grignote une bribe de croquignole. Croque ta brune prune. Ce grave brame se reproche sa trogne d'ivrogne. Le prote cligne. Sa cruche se brise. Qui t'oblige à vivre de sucre? Sa plume m'a plu. Le fratricide va clore le drame. Le plâtre cache une flache. Je brûle ma criblure. Ce blâme stupide me chagrine. Je proclame que la flore de l'Afrique prime la nôtre. Une grive prise à la glu. Ce style me glace. Le brave spahi bloqua la place. Le pôle aplati du globe.

* Portions de mots.

VOYELLES ACCENTUÉES.

```
e    a    i    o    u
é    .    .    .    .
è    à    .    .    .
ê    â    î    ô    û
```

Pe lu	fi gue	ge lé	re çu
Pé ri	gué ri	gé mi	ré gi
Pè re	guè re	gè le	rè gle
Pê che	guê tre	gê ne	rê ve
Fé tu	ché ri	bé bé	mé ché
Fè ve	chè re	bè gue	mè che
Fê te	chê ne	bê le	mê me
Fré mi	é té	cré pu	tré ma
Frè re	è re	crè che	trè fle
Frê le	ê tre	crê pe	trê ve
Na gea	la ça	ce la	—
Dé jà	de çà	de là	—
Ra ve	di re	cho pe	bru te
Râ pé	dì ne	chô me	brû le
Pâ té	gî te	frô le	flû te

RÉCAPITULATION.

Ce pâ tre se fâ che d'ê tre dé pê ché à l'é vê ché. Ma chè re mè re dî ne i ci. Si le trô ne frô le l'a bî me, sa chu te se ra sû re. L'é pî tre de l'a pô tre pé nè tre l'â me; la grâ ce s'y mê le à la sé vé ri té. Le prô ne de ce prê tre dé cè le du zè le. Le drô le bé bé n'a guè re é té blâ mé de sa lé gè re té. Ce hê tre lè ve la tê te. Le blé a mû ri à la hâte. Là vé gè te le cè dre. I ci gî te ce pâ le hè re qui se tâ te le crâ ne. La bû che a brû lé à cô té de l'â tre. Ma fè ve se pè le. Le pâ té a fa ti gué la frê le A dè le.

VOYELLES DOMINÉES PAR UNE CONSONNE

1ᵉʳ *exercice*

e..p⁽¹⁾ a.p ip op up

(1) *e* dominé par une consonne se prononce toujours *è* : *ep, er, èp, èr,* adepte, verte. Il faut donc, en épelant, lui conserver constamment cet accent, sauf les exceptions qui seront indiquées plus loin, page 20 note 2, et au chapitre des voyelles accentuées sans accent.

e..b	a.b	ib	ob	ub
e..d	a.d	id	od	ud
e..f	a.f	if	of	uf
e..l	a.l	il	ol	ul

Le cep	ap té	ip so	op te	—
Ju lep	cap te	gyp se	cop te	—
Sa lep	ja lap	cryp te	mop se	—
Ho reb	le cab	—	du rob	sub til
Al fred	de Gad	Da vid	é phod	le sud
La nef	A raf	ca nif	A zof	—
Le chef	le raf	mo tif	le lof	le tuf
Jo seph	naph te	ta rif	coph te	muph ti
El be	al gue	ci vil	col za	ul tra
Vel te	val se	fil tre	vol te	cal cul
Quel que	pal me	phil tre	sol de	cu mul

2me exercice.

e..r	a.r	ir	or	ur
e..c	a.c	ic	oc	uc
e..x	a.x	ix	ox	ux
e..g	a.g	ig	og	ug
e..s	a.s	is	os	us

Her be	ar bre	mar tyr	for ce	ur ne
Mer ci	gar de	gar nir	por te	hur le
Ver se	tar te	far cir	cor ne	pur ge
A vec	le bac	le pic	le coq	ca duc
Du bec	ha mac	pu blic	le soc	le suc
Spec tre	cor nac	tra fic	du roc	du stuc
Se x e [1]	a x e	fi x e	bo x e	lu xe
Ve x e	ta x e	ri x e	mo x a	—
Fleg me	mag ma	zig zag	dog me	de Zug
Les te	as tre	ris que	pos te	bus te
Ves te	mas que	bis tre	tos te	jus que
Pres que	vas te	tris te	ros tre	mus cle

RÉCAPITULATION.

Que Victor se garde de sortir avec Marcel avec qui il risque de se mal divertir. Ce mastic n'a pu mordre sur le roc. Le mistral se calme. Ce bloc de marbre m'a servi à garnir le porche du cirque. De quel pur cristal Oscar a-t-il orné la vasque de jaspe que Pascal admire? Quel triste calcul a dicté à ce fol adulte sa brusque démarche? Il respecte le froc à l'égal du

[1] *x* se prononçant *cs*, nous avons cru devoir en renvoyer l'épellation jusqu'à ce moment, après *c* suivi d'une autre consonne.

cas que du cal. Le stuc sec brave le choc du pic. Le luxe extrême sera mortel à la vertu du docte Maxime. Avec quel flegme il discute le dogme. Chef, ce rosbif délecte le rétif Joseph. Alfred cherche la veste de David. Le public traverse le lac sur le bac.

CONSONNES REDOUBLÉES.

1ᵉʳ *exercice.*

ppe[1]	ppa	ppi	ppo	ppu
bbe	bba	bbi	bbo	bbu
mme	mma	mmi	mmo	mmu[2]
tte	tta	tti	tto	ttu
nne	nna	nni	nno	nnu

(1) Lorsqu'une même consonne se répète de suite dans le corps du mot, le lecteur ne doit la prononcer qu'une fois.

(2) *m* et *n* suivis d'une autre consonne rendent toujours la voyelle qui les précède nasale; ils ne restent muets que devant un second *m* ou *n* : pompe, pomme, flambe, flamme, tonte, tonne, mange, manne. Une sous-exception est cependant à faire pour les mots : *enivrant, enivré, enivrement, enivrer, enorgueillir, ennui, ennuyant, ennuyer, ennuyeux, ennuyeusement, ennoblir, emmanchure, emmener, emmieller,* et tous les mots commençant par *emm*, où la syllabe initiale *en* ou *em* garde l'assonance nasale, bien que suivie d'une voyelle, d'un *m* ou d'un *n*.

Contrairement aussi à la règle générale, *femme, nenni, solennel, hennir, indemniser,* ainsi que leurs dérivés, et toutes les terminaisons en *emment* : *décemment, prudemment, évidemment,* etc..., au lieu de se prononcer : fème, nèni, solènel, hènir, indèmniser, èman, décèman, etc..., se prononcent *fame, nani, solanel, hanir, indamniser, aman, décaman.*

Ste ppe	ha ppa	ni ppé	cho ppe	hu ppé
—	fra ppa	gri ppé	lo ppe*	su ppé
E bbe	ra bbi	gi bbo*	go bbe	—
Ge mme	ga mme	i mma*	po mme	—
Le mme	fla mme	i mmo*	ho mme	—
De tte	cha tte	—	bo tte	hu tte
Je tte	pa ttu	fri tte	mo tte	lu tte
Le ttre	ba ttu	qui tte	so tte	bu tte
Be nne	ba nni	—	do nna	—
Pe nne	ta nné	i nne*	to nna	—
Re nne	va nné	i nno*	so nna	—

2ᵉ exercice.

ffe	ffa	ffi	ffo	ffu
lle	lla	lli	llo	llu
rre	rra	rri	rro	rru
—	cca	—	cco	ccu
sse	ssa	ssi	sso	ssu
—	na ffe	gri ffa	o ffre	tru ffé
Gre ffé	ga ffe	si ffla	co ffre	su ffi
Pe lle	ma lle	Li lle	mo lle	bu lle
Be lle	ba lle	mi lle	fo lle	tu lle
Se lle	sa lle	vi lle	co lle	nu lle

* Portions de mots.

Te rre	ca rré	ci rre	co rri*	—
Ve rre	na rré	squi rre	ho rri*	—
Gre cque	ma cque	ni ckel	ho cco	bu ccal
Ce sse	pa ssa	ti ssé	fo ssé	pu sse
Ge sse	la ssa	li ssé	co ssu	du sse
Me sse	ca ssa	vi ssé	bo ssu	ru sse

RÉCAPITULATION.

La bo nne fo lle tte chi ffo nna sa co lle re tte. La la rro nne sse qui fri sso nna sur la se lle tte se no mme A nne tte. La gue rre sa cca ge A bbe-vi lle que je qui tte. Ce chi ffre pa sse mi lle. Luc fro tta la sa lle co mmu ne. La pe rru che qu' Hy ppo ly te a ppor ta a gro ssi. Ma cha tte se ca ssa la pa tte ; sa gri ffe gli ssa sur du ve rre. Se rre ce tte gra ppe. Qui fra ppa a vec sa ca nne à la hu tte du ba nni Ru sse ? Qu'il pre nne ce co ffre ca rré. La vi te sse du re nne pa sse ce lle du bu ffle. Je m'o ccu pe de la gri ppe qui l'o ppre sse. La fla mme co rro de le ci ppe a ba ttu par le to nne rre. Sa le vret-te ha ppa la go bbe. Ba rre la va nne a vec ta ga ffe. Cet ho mme la ssé d'ê tre ba llo tté par le ca rro sse ce ssa de s'y blo ttir.

* Portions de mots.

VOYELLES COMPOSÉES.

eu ei eau ou
œu ai⁽¹⁾ au —

1ᵉʳ exercice.

OEu vre	ai me	au ge	ou vre
Heu re	hai ne	hau te	hou le
Peu ple	pai re	pau me	pou dre
Beu gle	bai se	bau me	bou cle
Meu te	mai gre	mau ve	mou che
Feu tre	fai re	fau te	fou le
Veu ve	vai ne	vau tre	voû te
Gueu le	gaî ne	gau che	goû te
Seu le	sai gne	sau ce	sou pe

Cor beau	bei ge	ca veau	vei ne
Cha peau	pei gne	ber ceau	sei gle
Bu reau	rei ne	pru neau	nei ge
Gâ teau	tei gne	ta bleau	blei me

(1) *Ai*, au lieu de se prononcer *è*, se prononce, au contraire, *é*, à la fin de tous les verbes; j'*aimai*, je *plairai* etc., et dans les mots *quai, gai, geai*.

2ᵉ *exercice.*

Le bœu..f	au pai..r	à Pau..l	chau ffe
El beu.f	le flai.r	le sau.f	fau sse
Du neuf	bel air	ra doub	gou tte
Li gneul	é clair	le croup	hou ppe
Le seul	la chair	du bouc	gou ffre
Ma sœur	du vair	le joug	sou ffle
Du cœur	cai sse	le pouf	pou ffe
Sa peur	pai sse	poul pe	mou sse
Vo leur	grai sse	foul que	rou sse
Bu veur	nai sse	tour te	tou sse
Beu rre	bai sse	bour ce	bou rre
Leu rre	lai sse	cour ge	cou rre

RÉCAPITULATION,

Sur le co teau fleu ri le vau tour tour ne au tour du trou peau que gar de le jeu ne pas-tou reau du nou veau sei gneur du ha meau. U ne nei ge fraî che re cou vre le sa rrau de bei ge du pau vre col por teur qui pleu re cour-bé sur sa cai sse. Le jour que le pé cheur, sau veur de ma sœur, se dé gou te ra de vi vre sur l'eau, il mour ra. Le fau cheur ré chau ffe le cou leu vreau qu'il a trou vé au faî te du cou peau. Le tour te reau rou cou le, la pou le glou sse, le bœuf beu gle. U ne meu te vi gou reu se dé dai gne u ne mai gre nou rri tu re. J'ai me le beu rre rou ssi au feu. La peur a veu gle qui l'é prou ve. Le cœur fai ble se lai sse é tour dir par le mal heur.

VOYELLES NASALES SIMPLES ET COMPOSÉES.

en[1] em an am
in im ain aim ein yn ym
on om —
un um eun

En cre   em bu   an ge   am ble
Ten dre   tem pe   han che   ham pe
Tren te   trem ble   jan te   jam be
Ren du   rem pli   ran gé   ram pe

(1) *En*, à la fin des mots, se prononce *in*, sauf à la fin des mots suivants et quelques autres, presque tous tirés du latin : *albumen, amen, abdomen, cyclamen, gramen, hymen, spécimen, lichen, dolmen, gluten*, où il se prononce *ène*.

Au commencement ou dans l'intérieur des mots, *en* se prononce, au contraire, *an*, excepté dans les mots : *agenda, pensum, appendice, memento, spencer, benjoin, benzine, Benjamin, Mentor*, et quelques autres noms propres, où il garde l'assonance *in*.

Dans l'exercice, *en* doit se prononcer *an*.

Men ti	mem bre	lan gue	lam pe
Sin ge	sim ple	sain te	e ssaim
Tin te	tim bre	é tain	é taim
Lin ge	lim be	dé dain	un daim
Guin de	guim pe	re gain	la faim
Grin ce	grim pe	du grain	le claim
Pon du	pom pe	pein tre	à jeun
Bon de	bom be	fein te	tri bun
Con te	com te⁽¹⁾	cein dre	cha cun
Son ge	som bre	de ssein	hum ble
Ron ce	rom pre	se rein	par fum

RÉCAPITULATION.

Ce bam bin blon din dan se sur un trem plin. Que je ren con tre un bon com pa gnon à A-len çon, je me ren drai le len de main en Sain-ton ge. Ce sal tim ban que chan te u ne com-plain te em prein te d'u ne som bre ter reur. Ma tan te fe ra pein dre sa cham bre à fin no vem-bre; e lle a le de ssein d'y sus pen dre son

---

(1) *Comte* et *Samson* sont les seuls mots où la nasale en *m* précède une autre consonne que le *p* ou le *b*. Le composé *sainbois* présente une exception inverse.

beau dessin d'U go lin tor.tu ré par la faim. Ce ma tin, à jeun, je son geai à l'in di gen ce qui man que de pain, de vin, de lin ge; je trem blai de hon te au sou ve nir de ma bomban ce de lun di. La tein te du rai sin dé jà gon flé se fon ce, la ven dan ge s'a van ce. Ce tim bre d'ai rain tin te à me rom pre le tympan. En vain ce fan fa ron se van te de répan dre la crain te a vec son nom, l'om bre d'un bâ ton su ffi ra à é tein dre sa jac tan ce im pru den te.

L MOUILLÉ.

euil œil eil ail il ouil
euill — eill aill ill[1] **ouill**

A l'œil   fau teuil   à l'ail   aill e
Or gueil[2]   au seuil   un bail   bâill on

(1) Voici quelques mots où *ill* se prononce *ile*, sans être *mouillé*: *Sybille, Achille, Delille, oscille, vacille, mille, papille, pupille, squille, tranquille, Cyrille, fibrille, distille, titille, ville, villa, village, calville, vaudeville, Villefranche, Thionville*, et tous les noms propres commençant ou se terminant par *ville*.

(2) L'*u* employé dans *orgueil, cercueil*, etc... outre qu'il conserve au *c* et au *g* leur son propre dur, donne encore aux voyelles qui suivent le son de *eu*, de façon à faire prononcer *orgueuil cercueuil*, au lieu de *orguèil, cercuèil*, comme il semblerait nécessaire d'après l'exercice sur les mots en *eil*.

En deuil	che vreuil	co rail	raill e
Cer feuil	feuill e	bé tail	taill eur
Ac cueil	cueill e	ca mail	maill e
Fe nouil	fouill e	ber cail	caill ou
Rouill e	brouill é	fe nil	fill e
Mouill é	bouill i	le cil	sill on
Con seil	seill e	pé ril	brill e
Or teil	teill e	a vril	vrill e
Ré veil	veill e	ba bil	bill on
Pa reil	treil le	un gril[1]	grill on

RÉCAPITULATION.

Le so leil brill e, vi te tou te la fa mill e au tra vail. Qu'on se rre la paill e au fe nil; qu'on brouill e au ssi du mé teil. A mon ré veil, je me re cueill e à l'om bre d'un ché vre feuill e où le bou vreuil cha touill e mon o reill e de son gai ba bil. La rouill e a souill é la cor beill e que ma fill e mouill a. Du seuil du por tail je fouill ai de l'œil la char mill e où cha maill e la bouill an te mar maill e. La lu ne d'a vril a grill é no tre cer feuil. Sur le

(1.) Parmi les mots terminés en *il* ces six sont à peu près les seuls où *il* soit mouillé.

fau teuil où je so mmeill ai, Paul fré till e comme u ne an guill e sur un gril. Qu'on m'ô te 'l'a ppa reil qui n'en taill e l'or teil. Je pré fè re la sou pe à l'ail au bouill on à l'o seill e. La vaill an ce de ce ba taill on brill a au sein du pé ril, où se ré veill a son or gueil.

DIPHTHONGUES ET AUTRES COMBINAISONS DE VOYELLES.

1ᵉʳ *exercice.*

ié	iè	ia	io	iu	y..
iei	iai	ieu	iau	iou	y..

Biè re	le bief	biel le	ya cou	yo le
Biai se	vier ge	vien ne	jo vial	vio le
Miè vre	du miel	miet te	ca viar	vior ne
Siè cle	sies te	sien ne	fia cre	fio le
Tiè de	tier ce	tien ne	tia re	miau le
Liè ge	lier ne	lier re	fi lial	lion ne
Niè ce	Da niel	niel le	pia no	pio che
Niai se	au ciel	vieil le	piaf fe	piau le
Pi tié	a dieu	es sieu,	yuc ca	liou be
É pieu	mi lieu	le sieur	diur ne	chiour me

2ᵉ exercice.

oi	ui	uè	uo	oy	uy
oa	—	ouè	uau	ao	—
ua	eui	uai	ueu	ieu	(1)
oua	oui	ouai	oueu	iaou	—

Soi gne	la soif	sui vre	du suif	un duo
Foi re	gref foir	fui te	s'en fuir	du fluor
Poi re	pois se	pui se	puis se	de gruau
Boi re	bois son	bui re	buis son	le gluau
Croa te	croas se	bleui	bleui r	la lueur
Cloa que	coas se	un oui	rouir	en sueur
De Goa	à Joab	é croui	ré jouir	un joueur
Un boa	ca soar	foui ne	en fouir	noueur
Poê le	moel le,	Loui se	bouis se	ca cao
Nua ge	dé nua	en duel	douel le	aor te
Mua ble	re mua	Sa muel	mouet te	rieu se
Ar gua	ja guar	ac tuel	couen ne	pieu se

(1) *Ai* ne se prononce en diphthongue que devant un *l mouillé*.

A propos de ces diverses combinaisons des voyelles, nous ferons remarquer que la plupart se subdivisant en plusieurs syllabes, sans règles précises, et dans des cas que l'usage seul indique, c'est au savoir du maître que nous nous confions pour faire détacher chacune de ces syllabes dans l'épellation. Il nous a semblé préférable, pour la symétrie de nos tableaux, de les rapprocher dans l'écriture.

Af flua	lin gual[1]	ma nuel	nouet te	re lieur
Doua ne	un douar	à Suez	muet te	pa rieur
Roua ge	rouan ne	suai re	suet te	bleuâ tre
Dé voua	bi vouac	douai re	jouail	giaour.

DIPHTHONGUES NASALES.

ian	**uan**	**uin**
ien[2]	**ouen**[3]	**oin**
ion	**ouan**	**ouin**

Flo rian	vau rien	ho rion	don Juan
Os sian	an cien	pen sion	truan de
Vian de	com bien	ga bion	puan te
Iam be	sou tien	bas tion	muan ce
Fien te	le chien	gan glion	nuan ce
Un chouan	en juin	ben join	ba bouin
Man touan	Al cuin	bon coin	pin gouin
De Rouen	du suin	be soin	mar souin
Cor douan	suin te	sain foin	bé douin
Louan ge	au loin	té moin	tin touin

(1) *Gua* se prononce généralement *goua* ailleurs que dans les verbes, où il garde toujours la prononciation admise pour l'infinitif : *arguer* (u-er), *argua* (u-a), *distinguer* (gué), *distingua* (ga).

(2) *Ien* se prononce *iin* à la fin des mots; dans l'intérieur des mots il se prononce *ian*, comme dans *patience*, *fiente*, etc....

(3) *Ouen* doit se prononcer ici *ouan*.

RÉCAPITULATION.

Flo rian loua la nuan ce de no tre toi le qu'il cer ti fia va loir la meil leu re de Rouen. Puis sè-je voir s'en fuir le nua ge qui voi le le ciel à ma vieil les se, pour jouir en co re de la ra dieu se lu miè re du jour. U ne miet te, par pi tié, à Ma rian ne la men dian te ! De la couen-ne de mar souin me tien dra lieu de viande. Un es pion juif a sui vi le chef bé douin jus-qu'à son douar. Le ja guar n'a ni la cri niè re ni le poil du lion. Ce lam pion pro jet te au loin u ne lueur bleuâ tre in quié tan te, je lui pré fè re un cier ge mor tuai re. La bel le goua-che que Sa muel con voi te lui ap par tien dra au jour d'hui mê me. Quel le sua ve vio let te ! I dio te, muet te, pau vre Loui se ! que Dieu pren ne soin de toi.

DIPHTHONGUES DÉCOMPOSÉES PAR :

é. — Dé esse pé age, i dé al, o bé ir, sé ide, mé té ore, cré ole, ré ussir, li né aire, flé au pré au, sé ance, gé ante, Lé on, camé lé on, A gla é, a é ronaute, No é, Cruso é, situ é, gradu é, avou é, enjou é, etc....

è. — A è re, po è te, tro è ne, etc....

ë. — Rapha ël, Sᴛ. Sa ëns, No ël, go ë-mon, po ë me, aigu ë, cigu ë, etc...

ï — Sina ï, Adela ï de, inou ï, na ïf, a ïeul, ga ïac, fa ïen ce Mo ï se, héro ï que, égo ïs te, co ïn cidence, etc....

ü — Esa ü, Sa ül, etc....

ḥ — Spa hi, tra hi, brou ha ha, Sa ha ra, ca ho te, ca hu te, to hu-bo hu, ca hin-ca ha, etc.

y — Ra y ure, bru y ère, vo y age, mo y eu, no y au, ro y al, do y en, cra y on, etc....⁽¹⁾

RECAPITULATION.

Mon a ïeul ira ca hin-ca ha jusqu'à Plo ër mel. La tempête qu'il essu y a bala y a bien vite l'O cé an ; sa go ë lette, bro y ée, enva hie par l'eau, ne louvo-y a qu'avec peine pour fuir. J'ai ou ï dire qu'un spa hi héro ï que, digne du Pan thé on, tomba comme foudro y é par le flé au. Mo ï se a ré ussi à vaincre

(1) *Y* entre deux voyelles se prononce comme deux *i* dont l'un s'unit à la voyelle qui précède, et l'autre à la voyelle qui suit. Cependant il se prononce comme un seul *i* uni à la voyelle suivante dans : *Lafayette, biscaye, cipaye, Bayeux, Bayonne, bayette, Cayenne, bayadère, Bayard*, et quelques autres mots. Il se prononce, au contraire, comme deux *i*, quoique suivi d'une consonne, dans : *pays, paysan, paysage*, et leurs dérivés.

la fra y eur qu'un mé té ore inspira au peuple hébra ï que. Mon vo y age co ïn cidera avec la fête de No ël. Adéla ï de adore ce jo y au de fa ïen ce dessiné par un cra y on ro y al. Un immense brou ha ha a accueilli Rapha ël a hu ri au seuil de la ca hu te. Sa face ra y onnante a tra hi en lui le po ë te enjou é de La ïs. Un cré ole de la Jama ï que a causé le to hu-bo hu qui a défra y é l'assistance. Cruso é emplo y a un mo y en presque na ïf pour se vêtir. Lé on a o bé i à son égo ïs me qui l'a dévo y é. Zo é a pour i dé al a voué la jo y euse Agla é.

VOYELLES MUETTES (1).

e — Chapeau, corbeau, etc..; asseoir, surseoir, etc..; à jeun, Jean, Jeanne, Caen, Stael; serein, dessein, etc..; dragée, féerie, etc..; la rue, ciguë, gruerie, Eustache, etc..; magie, crierie, etc..; monnaie, gaieté, etc..; lamproie, soierie, etc..; la boue, rouerie, etc..; la pluie, la suie, etc..; inouïe, évanouïe, etc..; banlieue; eu, eue, eusse[2]

(1) Pour nous, une lettre n'est muette que si, loin de se prononcer, elle ne modifie même pas la prononciation des lettres qui l'accompagnent; ainsi e n'est pas muet dans *mangea*, parce que g en reçoit le son doux ge.

(2) Et tout le verbe *avoir* : eus, eut, eûmes, eûtes, eurent, eusses, eussions, eussiez, eussent.

a — Par*r*ain, mond*a*in, etc..; d*a*ine; t*a*on, St-L*a*on, *a*out, *a*outeron, Sa*ô*ne, cura*ç*ao, toast.

i — Enco*i*gnure, Monta*i*gne, o*i*gnon, o*i*gnonière, o*i*gnonet, douar*i*rière.

o — La*o*n, fa*o*n, fa*o*nne, pa*o*n, pa*o*nne, pa*o*nneau, Cra*o*n, b*œ*uf, *œ*uf, c*œ*ur, s*œ*ur, *Œ*dipe, *œ*uvre, man*œ*uvre, etc....

RÉCAPITULATION.

Le drapeau de la patr*i*e se déplo*i*e, laisse la charru*e* pour ceindre l'épée. Jean, qu'un rien effra*i*e, a eu l'idée biscornu*e* de feindre la foli*e* à son arrivée à l'armée. Un bon morceau de b*œ*uf à l'ail ou à l'o*i*gnon rassasiera l'*a*outeron. Sa maladi*e* de foie le tuera. Faute de charpi*e*, je pansai ma plai*e* avec un lambeau de soi*e*. Si j'eusse voulu sa massu*e* d'a*i*rain, je l'eusse obtenue avec un peu de roueri*e*. J'ai le dessein de parcourir dem*a*in, à jeun, toute la banlieue de Caen. Ma s*œ*ur habite à Laon, à l'enco*i*gnure de la rue du Paon. Le c*œ*ur lui saigna d'être obligé*e* de s'asseoir sur un tombeau. La pluie va grossir la Sa*ô*ne qui refluera. Ce t*a*on qui tournoie par là m'agace. J'essaierai en v*a*in d'éteindre l'incendie, car j'échouerai, je l'avoue. Une douleur aigu*ë*, inou*ï*e, ôte à Jeanne sa vive gaieté. Qu'on nettoie la cheminée que la fumée a remplie de suie. La pensée que j'ai eu*e* sera-t-elle appréciée par la douar*i*rière? *E*ustache a eu peur d'enfreindre la loi.

VOYELLES ACCENTUÉES SANS ACCENTS.

o =[1] ô. — At*o*me.

e**f** = é. — Cle*f* [2].

é = e**d**. — Pi*ed*, si*ed*.

e**r** [3] = é. — Tomb*er*, boulang*er*, regard*er*, déjeûn*er*, poulaill*er*, fouill*er*, cahi*er*, étudi*er*, chandeli*er*, estropi*er*, secou*er*, balay*er*, renvoy*er*, s'appuy*er*, etc....

e**z** [4] = é. — Le n*ez*, ch*ez* moi, admir*ez*, ass*ez*, parl*ez*, un bi*ez*, remerci*ez*, pari*ez*, agré*ez*, salu*ez*, avou*ez*, pay*ez*, choy*ez*, essuy*ez*, etc....

e [5] = è. — Un c*e*p, st*e*ppe, Hor*e*b, g*e*mme, l*e*ttre, Alfr*e*d, r*e*nne, l*e*ste, m*e*sse, ind*e*x, le ch*e*f, gr*e*ffe, éch*e*c, p*e*ccable, fl*e*gme, g*e*rbe, t*e*rre, aut*e*l, s*e*lle, etc....

(1) Le signe = signifie : *se prononce comme, équivaut à.*
(2) *e* prononcé *é*, rend toujours la consonne qui le suit en finissant le mot complètement nulle ou muette.
(3) A la fin des mots. Font toutefois exception et se prononcent en *er* : *ver, hiver, fer, enfer, mâchefer, mer, amer, cuiller, cutter, cher, cancer, frater,* et quelques autres mots empruntés au latin, des noms propres, *fier* (adjectif) et *hier.*
(4) Aussi à la fin des mots.
(5) Dominé par toute consonne, pourvu qu'elle ne soit ni un *m* ou un *n* prononcés en lettres nasales, ni une consonne muette, ni le *s* final d'un mot. Toutefois, dans ce dernier cas, les monosyllabes, *es, mes, tes, des, les, ces, ses,* restent soumis à la règle générale.

RÉCAPITULATION.

Venez l'admirer chez moi, au rez-de-chaussée; son nez vermeil lui sied à merveille. Allez chercher votre cahier, votre papier, pour étudier ensuite. Le pompier qui se blessa au pied resta estropié. Alfred passe pour dessiner assez bien. Priez le sommelier de retourner au cellier pour le nettoyer. Empêchez le berger de jouer au verger, au lieu de garder son bétail. Pour être respecté, soyez respectable. Qui a pu renverser ce terrible guerrier? un atome, un insecte a suffi. Creusez, fouillez, bêchez, ne laissez aucune terre inculte. Émerveillé de la beauté du spectacle, mon naïf fermier ne cessa de s'extasier. Avouez que Joseph a dû s'endetter avec son vil métier. En janvier, visitez votre grenier, fermez le fruitier, enterrez le fumier, labourez. Remerciez Marcel d'avoir voulu se dévouer à votre place, gratifiez-le même d'un don à conserver, je m'empresserai de l'engager à l'accepter.

CONSONNES SUCCESSIVES SONORES.

1er exercice.

P..tilose, p.tyaline; p..sora, p.saume, p.seudonyme; p..nyx, p.neumonie, p.neumatique.

S..plendide, s..plénique, s..bire, s..mectique, s.mala, S..myrne, s..mogle; s..trapontin, s.tratagème, s.tricte, s.trigile, s.trophe, s.trombe, s.tructure, s.trumosité; s..phère, s.phinx, s.phène; s..velte; s..quelette, s.quame, s.quirre; s..clérotique; s..cribe, s.crible, s.crofule, s.crupule, s.crutin; s..graffite; S..lave.

2ᵉ *exercice.*

Ab..s..tinence, ab.s.traire, ob.s.curité, ob.-s.tiné, sub.s.tance, sub.s.tituer; ham..s..ter; tran..s..mettre, tran.s.porté, mon.s.tre, con..s-pirateur, in.s.tituteur, in.s.tin..c..tif, e..x..tin.c-teur, de..x..térité, pon..c..tuel, on..c..tuosité, san.c.tuaire, san.c.tifié, tun..g..s..tène, lor..s.-que, per.s.pective, mul..c..te, improm..p..tu, contem.p.teur.

3ᵉ *exercice.*

Rap..t, abrup.t, lap..s, relap.s, rep.s, bi-cep.s, cynip.s, égilop.s, rum..b, cin..q, in-tac..t, compac.t, direc.t, correc.t, stric.t, laryn..x, sphin.x, smal..t, cobal.t, Soul.t, tal..c, cer..f, ner.f, tur.f, Tar.n, misgur.n, mar..c, por.c, tur.c, hour.q, mar..s, our.s, ballas..t, tes.t, Bres.t, Chris.t, fis..c, bus.c, mus.c.

CONSONNES REDOUBLÉES SONORES.

b. — Ab.batial, etc.

m. — Gem.me, gem.mipare, im.muable, im.mense, im.moral,[1] com.mensal, com.mémoratif, com.minatoire.[2]

t. — At.ticisme, pit.toresque, gut.tural, gut.tiforme.

d. — Ad.ditif, Abad.don, ad.ducteur, etc.

n. — An.nal, an.nate, an.nexe, an.nuler, aban.nation, con.nivence, can.nibale, in.né, in.nocuité, in.nervation, in.novateur, Lin.né, Porsen.na, Apen.nin, Cincin.natus.

c. — Pec.cable, pec.cavi.

l. — Nul.lité, mil.lésime, mil.lime, gal.licisme, vel.léité, achil.lée, tonsil.laire, axil.laire, col.lataire, col.laborateur, col.loque[3], il.lustre, il.logique, il.luminé[4].

r. — Er.re, er.rata, abhor.re, ter.reur, ter.rible, tor.rent, hor.reur, hor.rible, inter.rè-

---

(1) Et toutes les initiales de mots en *imm*.
(2) Et la plupart des initiales de mots en *comm*.
(3) Et presque toutes les initiales de mots en *coll*.
(4) Et toutes les initiales de mots en *ill*.

gne, nar.rateur, concur.rence, ir.recevable, ir.réfléchi, ir.ritable [1], acquer.rai, cour.ra, mour.rai [2].

CONSONNE MUETTE AU COMMENCEMENT DES MOTS.

s. — *S*ceau, *s*cène, *s*célératesse, *s*cierie, *s*cintiller, *s*cience, *s*cion, *s*cission, etc... *s*chabraque, *s*chako, *s*cheik, *s*chismatique, *s*chiste, etc...

CONSONNES MUETTES DANS L'INTÉRIEUR DES MOTS.

h. — Ménec*h*me, sil*h*ouette, c*h*lore, c*h*rétien, c*h*rême, c*h*rysalide, c*h*rome, r*h*yt*h*me, T*h*race, t*h*ym, t*h*on, Mat*h*ieu, ment*h*e, bra*h*ma. bon*h*eur, Mul*h*ouse, sorg*h*o, bog*h*ei, Missolong*h*i [3], ab*h*orre, ad*h*érence, etc....

th. — As*th*me, is*th*me, etc....

p. — Se*p*tième, che*p*tel, [4] ba*p*tistère [5], com*p*te, escom*p*te, prom*p*te, prom*p*titude, dom*p*te,

(1) Et toutes les initiales de mots en *irr*.
(2) Les futurs et les conditionnels de ces trois verbes, et de leurs composés ou dérivés.
(3) *h* entre un *e* ou un *i* et un *g* conserve à ce dernier le son dur *gue*.
(4) *Cheptel* se prononce *chetel*, sans *è* avant *p*.
(5) Et ses dérivés.

dom*p*teur, scul*p*ture, scul*p*ter, exem*p*ter, cham*p*-
lever, etc....⁽¹⁾

m. — Auto*m*ne, da*m*ne, conda*m*ner, etc...⁽²⁾.

n, r. — Mo*n*sieu*r*.

g. — Vin*g*tième, vin*g*taine, doi*g*ter, doi*g*té, doi*g*tier, si*g*net, san*g*sue.

s. — Di*s*ciple, su*s*dite, su*s*pente, re*s*source⁽³⁾.

Toute consonne redoublée⁽⁴⁾. Ste*p*pe, ni*p*pe, a*b*bé, go*b*be, fla*m*me, ho*m*me, fri*t*te, hu*t*te, re*n*ne, to*n*ne, ga*f*fe, si*f*fle, pe*l*le, vi*l*le, ba*r*re, co*r*ridor, sa*c*cage, su*c*cursale, me*s*se, ti*s*su, etc...

RÉCAPITULATION.

Ma*th*ieu a été le se*p*tième de sa classe. Un *ch*rétien s'applique à dom*p*ter la passion qui le possède. Cet *h*omme a été conda*m*né à qui*t*ter la vi*l*le pour l'auto*m*ne. Mo*n*sieur l'a*b*bé, pourquoi ce*t*te prom*p*titude à ba*p*tiser un nouveau-né ? Le si*g*net a glissé à la vin*g*tième page. La sil*h*ouette de Ba*p*tiste se dessine bien. La scul*p*ture polychrome

---

(1) Et leurs dérivés.
(2) Et tous les mots où *p* se trouve entre deux consonnes autres que *h*, excepté cependant les mots, *comtempteur*, *comtemptible*, et tous ceux où le *p* est suivi d'un *s* ou d'un *t* prononcé en *s*: *redemption*, *consomption*, etc.
(3) Dans ce mot, ainsi que dans *ressort*, *dessus*, *dessous*, l'*e* qui précède immédiatement le premier *s*, lequel est muet, se prononce *eu* et non *é*; de là la prononciation *rssort*, *desus*, *desous*, *resource*.
(4) Voir la page 20 note 1.

flatte l'œil. Voici le compte du cheptel de cette année. Mon asthme m'exempte de ma tournée à l'isthme de Panama. Je t'offre un thon parfumé de thym, de menthe, de myrrhe. La damnée terre de Thrace a étouffé son enthousiasme. On lui donne un drachme et demi d'escompte. Un doigtier léger enveloppe son pouce blessé. Avec une bonne méthode de doigté, Mathilde apprendra vite le piano. Quelle théorie a l'athé ! Chrysostôme a versé le chrême du baptême sur son disciple.

CONSONNES FINALES MUETTES.

1er exercice.

h, ht. — Aneth, spath, zénith, bismuth, afouth, etc.; varech, colbach, loch,[1] etc.; Utrecht, yacht.

p, pt, ps. — Sparadrap, au galop, trop, beaucoup, un camp, etc.; prompt, exempt, etc.; draps, sirops, des loups, le temps, en corps, etc.

b, bs. — Aplomb, surplomb, etc.; des plombs, le Doubs, etc.

t, ts. — Gilet, habit, debout, endroit, minuit, méchant, défunt, inquiet, idiot, mendiant, du suint, départ, respect, verdict, etc., etc.;

---

(1) La consonne qui précède immédiatement h finale, conserve toujours son assonance propre. Par exception cependant, Auch et punch font *Auche* et *punche*, et almanach fait *almana*.

marmo*ts*, statu*ts*, souhai*ts*, un pui*ts*, paren*ts*, emprun*ts*, conjoin*ts*, effor*ts*, suspec*ts*, distric*ts*, etc., etc.

d, ds. — Un ni*d*, lai*d*, elle cou*d*, un mui*d*, brigan*d*, renar*d*, etc., etc.; des nœu*ds*, des crapau*ds*, du poi*ds*, du fon*ds*, atten*ds*, remor*ds*, etc., etc.

nt, ent. — Danse*nt*, parle*nt*, lise*nt*, etc., etc.; rie*nt*, sue*nt*, joue*nt*, voie*nt*, fuie*nt*, etc., etc.

f, fs. — Che*f*-d'œuvre, une cle*f*, ner*f* de bœu*f*, neu*f* soldats, cer*f*-volant, etc., etc.; cer*fs*, ner*fs*, bœu*fs*, œu*fs*, etc., etc.

2me *exercice.*

q. — Co*q* d'Inde, cin*q* fûts.

c, ct, cs, cts. — Taba*c*, arseni*c*, escro*c*, tron*c*, mar*c* (*poids*), etc., etc.; ami*ct*, instin*ct*, etc.; éche*cs* (*jeu*), la*cs*, accro*cs*, ban*cs*, etc., etc.; distin*cts*, succin*cts*, etc.

g, gt, gs, gts. — Du san*g*, en lon*g*, le poin*g*, Cherbour*g*, etc.; un doi*gt*, vin*gt* rats, un le*gs*, des haren*gs*, des coin*gs*, les faubour*gs*, etc., etc.; cinq doi*gts*, quatre-vin*gts* soldats.

l, lt, ld, ls, lx. — Bari*l*, sourci*l*, outi*l*,

soul, cul-de-lampe, etc.; l'Hérault, Arnould; fusils, fils, pouls, etc.; aulx.

r, rs. — Plancher, boucher, bottier, papier, etc., etc.; Angers, andouillers, lauriers, etc., etc.

s, es. — Orgues, ténèbres, repas, brebis, enclos, refus, bleus, dessous, palais, anchois, ennuis, dedans, encens, confins, néanmoins, travers, épars, dehors, mœurs, toujours, cils, mortels, conseils, syndics, viaducs, récifs, etc., etc.; pensées, Pyrénées, litanies, les nues, trois queues, des soies, les joues, tu t'ennuies, etc., etc.

z. — Chez soi, assez, beau nez, du riz, etc.

x. — Un prix, reflux, la paix, au choix, les cheveux, à genoux, de la chaux.

QUELQUES CONSONNES A ASSONANCE EXCEPTIONNELLE.

t = s. [1] — Minutie, calvitie, insatiable, abbatial,

[1] *Tie, tia, tio*, se prononcent *sie, sia, sio*, dans tous les mots où ils sont précédés, soit d'une voyelle, soit de la nasale *en*, soit de l'une des consonnes *p, c, r*. Sont à excepter les mots : *Chrétien, Etienne, apprentie, soutien, entretien, tutie, scotie, ortie*, les finales de mots en *tier* ou *tière*, et tous les verbes ou mots qui sont dérivés d'un verbe, comme *sortie, chatiable*, etc. *Initier, balbutier*, et tous les verbes terminés à l'infinitif en *tionner* : *ambitionner, additionner*, etc. rentrent cependant dans la règle générale, ainsi que *satiété*, et *substantiel*, et le *t* s'y prononce *s*.

Cette règle est donnée pour la première fois complète, à notre connaissance du moins.

rétiaire, séditieux, ambitieux, Gratien, nation, etc..

Providentiel, essentiel, confidentiaire, convention, attention, contentieux, etc..

Ineptie, nuptial, captieux, Egyptien, adoption, corruption, etc..

Factieux, affliction, injonction, prédiction, etc..

Inertie, partiel, martial, tertiaire, portion, assertion, etc.

c = g. — Second, seconder, secondaire, secondement, Claude.

lh = ll MOUILLÉ. — Gentilhomme, Milhau, Pardalhan, Jumilhac.

x = s. — Soixante, soixantième, soixantaine, Auxonne, Auxerre, Bruxelles, Aix-les-Bains, Xaintrailles.

x = z. — Deuxième, dixième, sixième.

x = gz. [1] — Xavier, Xénophon, Xercès, xemple, xylographie, exercice, exemplaire, examen, exactitude, exhalaison, exhortation, exil, existence, exorbitant, exorcisme, exubérance, exultation, etc.

LIAISONS DE MOTS. (2).

CONSONNES FINALES SONORES.

Le cap-est doublé. Jacob-aimait Rachel. Un maximum-exagéré. Quel fat-ennuyeux. Le radoub-est urgent. Le sud-

---

(1) ex se prononce egz au lieu de ecs, au commencement des mots, lorsqu'il est suivi d'une voyelle ou d'une h muette.

(2) La règle générale est que toute consonne *finale et sonore* d'un mot se lie, en gardant son assonance propre, avec le mot suivant qui commence par une voyelle ou une h muette. Si le premier mot se ter-

est de la France. Un vi*f*-amour. Un che*f*-intrépide. Le co*q*-à chanté. Du taba*c*-à fumer. Un jou*g*-insupportable. Le fi*l*-écru. Un ma*l*-aigu. Savoi*r*-écouter. Un plaisi*r*-inattendu. Du ga*z*-à bruler.

Un jeu*ne*-hom*me*-impertinent. U*ne*-histoi*re*-amusante. De la fi*ne*-étof*fe*-anglaise. J'ai gardé ma gran*de*-ima*ge*-entière. U*ne*-aima*ble*-et naï*ve*-enfant. Une rose-éclatante. Du lu*xe*-insolent.

CONSONNES FINALES MUETTES.

Beaucou*p*-à faire. Tro*p*-étroit. Tou*t*-entier. Le po*t*-au feu. C'es*t*-assez. Un fran*c*-étourdi. Aller du blan*c*-au noir. Aime*r*-à lire. Un lége*r*-obstacle. Ne*z*-aquilin. Du ri*z*-au lait. Un bo*n*-avocat. Mo*n*-ami. Vai*n*-espoir.

d MUET = t. — De fon*d*-en comble. Un pie*d*-à terre. Compren*d*-il? Cou*d*-elle bien?

f MUET = v. — Neu*f*-ans. Neu*f*-écus. Neu*f*-hommes.

g MUET = q. — San*g*-impur. Ran*g*-honorable. Lon*g*-oubli.

mine par un *e* muet, cet *e* est considéré comme n'existant pas, et la liaison se fait avec la consonne qui le précède. Toutefois la liaison ne doit jamais se faire quand elle produit un son trop dur et trop désagréable à l'oreille, ou quand elle peut faire entendre un autre mot que celui qui est exprimé, donnant ainsi lieu à une sorte de calembour. On ne dira donc pas : « un loup-affamé ; ce banc- est trop élevé ; un nid-à rats ; un toit-irréparable ; un plomb-homicide. »

On remarquera aussi que les consonnes *finales et muettes d, f, g, s, x*, changent de son en se liant, tandis qu'en pareil cas, *p, t, c, r, z*, gardent leur son propre.

S et X muets = Z. — Chers-amis. Mes-enfants. Les grands-hommes. De vils-intrigants. — Deux-heures. Dix-ans. Mieux-habillé. Une croix-en or. De beaux-oiseaux. Un doux-oreiller.

ÉQUIVALENTS.

1ᵉʳ Exercice.

En *vain*, j'achetai *vingt* bouteilles de bon *vin*, mon invité ne *vint* pas. Coupons *court*, moi, je *cours* à la chasse à *courre* en traversant la *cour*; *quant* à vous, *quand* repasserez-vous à *Caen* pour retourner au *camp*? — *Qu'en* sais-je! *Séraphin*, à la *fin* de la classe, *feint* parfois d'avoir *faim*. Paul *nie* qu'un *nid* n'ait *ni* maître *ni* habitant. Mon *père* revendant sa *paire* de bœufs au *pair* ne *perd* rien sur son marché. *Vers* le soir, Jean trouva un *ver* dans le *verre* qu'il avait laissé sur le gazon *vert*. Sa mère *coud* sa veste déchirée par un *coup* de pierre qu'il a reçu au *cou*. Un vrai *sot* a par un *saut* maladroit renversé un *seau* d'eau sur des papiers marqués du *sceau* de la commune de *Sceaux*. Que *Jean* si indul*gent* raille des braves *gens*, j'*en* suis étonné. Je *mets mes* habits d'été au mois de *mai*, *mais* pas auparavant. Le malheureux! son *sang* coule, *sans* secours il meurt; déjà ses *sens* l'abandonnent; *cent* francs à qui le sauvera! Ciel! chacun s'*en* va. *Tant* de *temps* pour faire ton *tan*! hâte-toi, je *t'en* prie, Pierre, moi je *tends* déjà mes peaux. Où prends-tu ce *houx*? — Au bois. — Quand? — En *août*. — Avec la bêche *ou* avec la pioche? — Avec la *houe*. Voyez la plume de *paon* qui *pend* du *pan* de cet habit. C'est grâce à *ses* grands travaux, on le *sait*, que Jacques s'est acquis *ces* dix-*sept* belles terres-ci. Le pauvre *hère* qui *erre* sans cesse d'une *aire* à l'autre, vêtu d'une *haire*, a un *air* de véritable piété.

2ᵉ Exercice.

Un grand *saint*, *ceint* d'un cilice, avec la croix sur son *sein*, est sorti *sain* et sauf de *cinq* combats avec les bêtes; notre église possède son *seing*. On *sonne* le tocsin, la *Saône* déborde. *Fi* donc! mon *fils*, tu ne te *fies* pas à qui te *fit* tant de bien. *Ah!* te voilà, mon cher, *as*-tu du nouveau *à* me conter? — *Eh!* tiens, près de la *haie* voisine, un *ais* pesant *est* tombé d'un char *et* m'a atteint. — *Es*-tu blessé? *aie* soin de toi. Je *hais* ces accidents. Ce manufacturier-*ci* fabrique les *scies* mécaniques de *six* grands ateliers, *sis* près de Lyon, *si* je ne me trompe. Jean est *las* de tendre par *là* ses *lacs* à *la* bête fauve. C'est en vain qu'on *prie* des soldats de donner, même à *prix* d'argent, les trophées *pris* à l'ennemi. Ceux qui *croient* prient sur l'herbe qui *croît* au pied de la *croix*. Les *vans* que *vend* Lucas s'emploient sans *vent*. O Madame, *oh!* que je souffre! en cherchant des *aulx*, un pot à *eau* tombant de *haut* m'a brisé deux *os aux* doigts de pied. Quelque pauvre que l'on *soit*, chacun a chez *soi* des morceaux de *soie*. Tous ceux que la *toue* a ramenés *tout* mouillés sur la rive ont une *toux* violente. *Quoi!* tu restes *coi* et te *tais*, quand on arrache la *taie* qui couvrait hier encore *tes* yeux! Soyez moins *lent* à venir à *Laon* au premier de *l'an*. Çà que chacun passe *sa* farine au *sas*, c'est mon *vœu*, je le *veux*. En bonne *foi*, avouons qu'à *Foix* nous avons maintes *fois* mangé de bons pâtés de *foie* gras. Le meunier fait la *moue* quand il *moud* du grain *mou* comme du *moût* et qui s'agglutine *dans* les *dents* des meules. Il est *clair* qu'un pauvre *clerc* doit boire plus d'eau *claire* que de vin. L'abus du vin de *Nuits* et le travail de *nuit*, ont beaucoup *nui* à ma santé. Sa vache *vaut* bien *vos* deux jeunes *veaux*. Qu'il cache sous sa *selle* au moins *celles* de mes lettres dont le *scel* est bleu. Louis *serre* lui-même, avant la classe, le *cerf*-volant qui lui *sert* à s'amuser. Garde mon *thon* des piqûres du *taon* pendant que ja *tonds* la brebis de *ton* père. Ton tonneau de *poix* et son sac de *pois* ont le même *poids*.

EXERCICES DE LECTURE COURANTE.

LA PETITE MENDIANTE.

« Je traverse dans l'abandon la montagne et le marécage; j'erre, les pieds nus; et la fatigue m'accable; mon père est mort et ma mère est pauvre; elle regrette les jours qui ne sont plus.

« Ayez pitié de moi, cœurs généreux et humains! le vent est froid et la nuit approche; donnez-moi, par charité, quelques aliments pour ma mère; donnez-moi quelques aliments, et je m'en irai.

« Ne m'appelez pas paresseuse, mendiante ou effrontée; je voudrais bien apprendre à tricoter et à coudre; j'ai deux frères à la maison; lorsqu'ils seront grands, ils travailleront avec courage.

« O vous, qui vous réjouissez, libres et sans inquiétude, garantis du vent, bien vêtus et bien nourris, si la fortune changeait, songez combien il serait affreux de mendier à une porte pour un morceau de pain. »

LA GROTTE DE CALYPSO.

On arriva à la porte de la grotte de Calypso, où Télémaque fut surpris de voir, avec une apparence de simplicité rustique, des objets propres à charmer les yeux. Il est vrai qu'on n'y voyait ni or, ni argent, ni marbre, ni colonnes, ni tableaux, ni statues; mais cette grotte était taillée dans le roc, en voûte pleine de rocailles et de coquilles; elle était tapissée d'une jeune vigne, qui étendait ses branches souples également de tous côtés. Les doux zéphirs conservaient en ce lieu, malgré les ardeurs du soleil, une délicieuse fraîcheur; des fontaines, coulant avec un doux murmure sur des prés semés d'amarantes et de violettes, formaient en divers lieux des bains aussi purs et aussi clairs que le cristal; mille fleurs naissantes émaillaient les tapis verts dont la grotte était environnée.

Là on trouvait un bois de ces arbres touffus qui portent des pommes d'or, et dont la fleur, qui se renouvelle dans toutes les saisons, répand le plus doux de tous les parfums; ce bois semblait couronner ces belles prairies, et formait une nuit que les rayons du soleil ne pouvaient percer. Là on n'entendait jamais que le chant des oiseaux ou le bruit d'un ruisseau qui, se précipitant du haut d'un rocher, tombait à gros bouillons pleins d'écume, et s'enfuyait au travers de la prairie.

LE CHAT ET LES LAPINS.

Un chat, qui faisait le modeste, était entré dans une garenne peuplée de lapins. Aussitôt toute la république alarmée ne songea qu'à s'enfoncer dans ses trous. Comme le nouveau venu était au guet auprès d'un terrier, les députés de la nation lapine, qui avaient vu ses terribles griffes, comparurent dans l'endroit le plus étroit de l'entrée du terrier pour lui demander ce qu'il prétendait. Il protesta, d'une voix douce, qu'il voulait seulement étudier les mœurs de la nation; qu'en qualité de philosophe, il allait dans tous les pays pour s'informer des coutumes de chaque espèce d'animaux. Les députés, simples et crédules, retournèrent dire à leurs frères que cet étranger, si vénérable par son maintien modeste et par sa majestueuse fourrure, était un philosophe sobre, désintéressé, pacifique, qui voulait seulement rechercher la sagesse de pays en pays; qu'il venait de beaucoup d'autres lieux, où il avait vu de grandes merveilles; qu'il y aurait bien du plaisir à l'entendre, et qu'il n'avait garde de croquer les lapins, puisqu'il croyait en bon bramin à la métempsycose, et ne mangeait d'aucun aliment qui eût eu vie. Ce beau discours toucha l'assemblée. En vain un vieux lapin, rusé, qui était le docteur de la troupe, représenta combien ce grave philosophe était suspect ; malgré lui on va saluer le bramin, qui étrangla du premier coup sept à huit de ces pauvres gens. Les autres regagnent leurs trous bien effrayés et bien honteux de leur faute. Alors dom Mitis revint à l'entrée du terrier, protestant d'un ton plein de cordialité, qu'il n'avait fait ce meurtre que malgré lui, pour son pressant besoin ; que désormais il vivrait d'autres animaux et ferait avec eux une alliance éternelle. Aussitôt les lapins entrent en négociation avec lui, sans se mettre néanmoins à la portée de sa griffe. La négociation dure ; on l'amuse. Cependant un lapin des plus agiles sort par les derrières du terrier et va avertir un berger voisin, qui aimait à prendre dans un lacs de ces lapins nourris de genièvre. Le berger, irrité contre ce chat exterminateur d'un peuple si utile, accourt au terrier avec un arc et des flèches : il aperçoit le chat qui n'était attentif qu'à sa proie ; il le perce d'une de ses flèches, et le chat expirant dit ces dernières paroles : « Quand on a une fois trompé, on ne peut plus être cru de personne, on est haï, craint, détesté, et on est enfin attrapé par ses propres finesses. »

L'OISEAU-MOUCHE.

De tous les êtres animés, voici le plus élégant pour la forme et le plus brillant pour les couleurs : les pierres et les métaux polis par notre art ne sont pas comparables à ce bijou de la nature; elle l'a placé, dans l'ordre des oiseaux, au dernier degré de l'échelle de grandeur.

Son chef-d'œuvre est le petit *Oiseau-mouche*.

Elle l'a comblé de tous les dons qu'elle n'a fait que partager aux autres oiseaux : légèreté, rapidité, prestesse, grâce et riche parure, tout appartient à ce petit favori. L'émeraude, le rubis, la topaze, brillent sur ses habits; il ne les souille jamais de la poussière de la terre, et, dans sa vie tout aérienne, on le voit à peine toucher le gazon par instants : il est toujours en l'air, volant de fleurs en fleurs; il a leur fraîcheur, comme il a leur éclat; il vit de leur nectar, et n'habite que les climats où sans cesse elles se renouvellent.

C'est dans les contrées les plus chaudes du Nouveau-Monde que se trouvent toutes les espèces d'oiseaux-mouches. Elles paraissent confinées entre les deux tropiques; car ceux qui s'avancent en été dans les zones tempérées n'y font qu'un court séjour : ils semblent suivre le soleil, s'avancer, se retirer avec lui, et voler sur l'aile des zéphyrs à la suite d'un printemps éternel.

Rien n'égale la vivacité de ces petits oiseaux, si ce n'est leur courage, ou plutôt leur audace : on les voit poursuivre avec furie des oiseaux vingt fois plus gros qu'eux, s'attacher à leur corps, et, se laissant emporter par leur vol, les becqueter à coups redoublés jusqu'à ce qu'ils aient assouvi leur petite colère. Quelquefois même ils se livrent entre eux de très-vifs combats. L'impatience paraît être leur âme : s'ils s'approchent d'une fleur et qu'ils la trouvent fanée, ils lui arrachent les pétales avec une précipitation qui marque leur dépit. Ils n'ont point d'autre voix qu'un petit cri, fréquent et répété; ils le font entendre dans les bois dès l'aurore, jusqu'à ce que, aux premiers rayons du soleil, tous prennent l'essor et se dispersent dans les campagnes.

LES DEUX NIDS.

Deux hommes étaient voisins, et chacun d'eux avait une femme et plusieurs petits enfants, et son seul travail pour les faire vivre.

Et l'un de ces hommes s'inquiétait en lui-même, disant : Si je meurs ou que je tombe malade, que deviendront ma femme et mes enfants?

Et cette pensée ne le quittait point, et elle rongeait son cœur comme un ver ronge le fruit où il est caché.

Or, bien que la même pensée fut venue également à l'autre père, il ne s'y était point arrêté; car, disait-il, Dieu, qui connaît toutes ses créatures et qui veille sur elles, veillera aussi sur moi, et sur ma femme, et sur mes enfants.

Et celui-ci vivait tranquille, tandis que le premier ne goûtait pas un instant de repos ni de joie intérieurement.

Un jour qu'il travaillait aux champs, triste et abattu, à cause de sa crainte, il vit quelques oiseaux entrer dans un buisson, en sortir, et puis bientôt y revenir encore.

Et s'étant approché, il vit deux nids posés côte à côte, et dans chacun plusieurs petits nouvellement éclos et encore sans plumes.

Et quand il fut retourné à son travail, de temps en temps il levait les yeux, et regardait ces oiseaux, qui allaient et venaient portant la nourriture à leurs petits.

Or, voilà qu'au moment où l'une des mères rentrait avec sa becquée, un vautour la saisit, l'enlève, et la pauvre mère, se débattant vainement sous sa serre, jetait des cris perçants.

A cette vue, l'homme qui travaillait sentit son âme plus troublée qu'auparavant : car, pensait-il, la mort de la mère, c'est la mort des enfants. Les miens n'ont que moi non plus. Que deviendront-ils si je leur manque?

Et tout le jour il fut sombre et triste, et la nuit il ne dormit point.

Le lendemain, de retour aux champs, il se dit : Je veux voir les petits de cette pauvre mère : plusieurs sans doute ont déjà péri. Et il s'achemina vers le buisson.

Et, regardant, il vit les petits bien portants; pas un ne semblait avoir pâti.

Et ceci l'ayant étonné, il se cacha pour observer ce qui se passerait.

Et après un peu de temps, il entendit un léger cri, et il aperçut la seconde mère rapportant en hâte la nourriture qu'elle avait recueillie, et elle la distribua à tous les petits indistinctement, et il y en eut pour tous, et les orphelins ne furent pas délaissés dans leur misère.

Et le père qui s'était défié de la Providence raconta le soir à l'autre père ce qu'il avait vu.

Et celui-ci lui dit : Pourquoi s'inquiéter? Jamais Dieu n'abandonne les siens. Son amour a des secrets que nous ne connaissons point. Croyons, espérons, aimons, et poursuivons notre route en paix.

Si je meurs avant vous, vous serez le père de mes enfants; si vous mourez avant moi, je serai le père des vôtres.

Et si l'un et l'autre nous mourons avant qu'ils soient en âge de pourvoir eux-mêmes à leurs nécessités, ils auront pour père le Père qui est dans les cieux.

UNE NUIT EN CALABRE.

Un jour je voyageais en Calabre : c'est un pays de méchantes gens, qui, je crois, n'aiment personne et en veulent surtout aux Français. J'avais pour compagnon un jeune homme. Dans ces montagnes les chemins sont des précipices, nos chevaux marchaient avec beaucoup de peine. Nous cherchâmes, tant qu'il fit jour, notre chemin à travers ces bois; mais plus nous cherchions, plus nous nous perdions, et il était nuit, quand nous arrivâmes près d'une maison fort noire; nous y entrâmes, non sans soupçon, mais comment faire? Là nous trouvons toute une famille de charbonniers à table; au premier mot on nous invita; mon jeune homme ne se fit pas prier : nous voilà mangeant et buvant, lui du moins, car pour moi j'examinais le lieu et la mine de nos hôtes.

Nos hôtes avaient bien la mine de charbonniers; mais la maison, vous l'eussiez prise pour un arsenal; ce n'étaient que fusils, pistolets, sabres, couteaux, coutelas. Tout me déplut, et je vis bien que je déplaisais aussi; mon camarade, au contraire, semblait de la famille, il riait, il causait avec eux; et par une imprudence que j'aurais dû prévoir (mais quoi! s'il était écrit...), il dit d'abord d'où nous venions, où nous allions, que nous étions Français, imaginez un peu! chez nos plus mortels ennemis, seuls, égarés, si loin de tout secours humain! et puis, pour ne rien omettre de ce qui pouvait nous perdre, il fit le riche, promit à ces gens pour la dépense, et pour nos guides le lendemain, ce qu'ils voulurent. Enfin il parla de sa valise, priant fort qu'on en eût grand soin, qu'on la mît au chevet de son lit; il ne voulait point, disait-il, d'autre traversin. Ah! jeunesse! jeunesse!

On crut que nous portions les diamants de la couronne...

Le souper fini, on nous laisse; nos hôtes couchaient en bas, nous dans la chambre haute où nous avions mangé; une soupente élevée de sept à huit pieds, où l'on montait par une échelle, c'était là le coucher qui nous attendait, espèce de nid dans lequel on s'introduisait en rampant sous des solives chargées de provisions pour toute l'année. Mon camarade y grimpa seul et se coucha tout habillé, la tête sur la précieuse valise; moi, déterminé à veiller, je fis bon feu et m'assis auprès. La nuit s'était déjà passée presque entière assez tranquillement, et je commençais à me rassurer, quand, sur l'heure où il me semblait que le jour ne pouvait être loin, j'entendis au-dessous de moi notre hôte et sa femme parler et se disputer; et prêtant l'oreille par la cheminée qui communiquait avec celle d'en bas, je distinguai parfaitement ces propres mots du mari : « Eh bien? enfin, voyons, faut-il les tuer tous les deux ? » A quoi la femme répondit : « Oui. » Et je n'entendis plus rien.

Que vous dirai-je? je restai respirant à peine, tout mon corps froid comme un marbre; à me voir, vous n'eussiez su si j'étais mort ou vivant. Dieu! quand j'y pense encore!... Nous deux presque sans armes, contre eux douze ou quinze qui en avaient tant! Et mon camarade mort de sommeil et de fatigue! L'appeler, faire du bruit, je n'osais; m'échapper tout seul, je ne pouvais; la fenêtre n'était guère haute, mais en bas deux gros dogues hurlant comme des loups.... En quelle peine je me trouvais! Au bout d'un quart d'heure, qui fut long, j'entends sur l'escalier quelqu'un, et par la fente de la porte, je vis le père, sa lampe dans une main, dans l'autre un de ses grands couteaux.

Il montait, sa femme après lui, moi derrière la porte; il ouvrit; mais, avant d'entrer, il posa la lampe, que sa femme vint prendre ; puis il entra pieds nus, et elle, de dehors, lui disait à voix basse, masquant avec ses doigts le trop de lumière de la lampe : « Doucement, va doucement. » Quand il fut à l'échelle, il monte, son couteau dans les dents, et venu à la hauteur du lit, ce pauvre jeune homme étendu offrant sa gorge découverte, d'une main il prend son couteau, et de l'autre.... Ah! cousine.... il saisit un jambon qui pendait au plancher, en coupe une tranche, et se retire comme il était venu.

La porte se referme, la lampe s'en va, et je reste seul à mes réflexions.

Dès que le jour parut, toute la famille, à grand bruit, vint nous éveiller, comme nous l'avions recommandé. On apporte à manger, on sert un déjeuner fort propre, fort bon, je vous assure. Deux chapons en faisaient partie, dont il fallait, dit notre hôtesse, emporter l'un et manger l'autre. En les voyant, je compris enfin le sens de ces terribles mots : « Faut-il les tuer tous les deux? » Et je vous crois, cousine, assez de pénétration pour deviner à présent ce que cela signifiait.

CHIFFRES ARABES.

1 un	10 dix	100 cent	1,000 mille	10,000
2 deux	20 vingt	200 »	2,000 »	20,000
3 trois	30 trente	300 »	3,000 »	30,000
4 quatre	40 quarante	400 »	4,000 »	40,000
5 cinq	50 cinquante	500 »	5,000 »	50,000
6 six	60 soixante	600 »	6,000 »	60,000
7 sept	70 septante	700 »	7,000 »	70,000
8 huit	80 quatre-vingts	800 »	8,000 »	80,000
9 neuf	90 quatre-vingt-dix	900 »	9,000 »	90,000

10	dix	20	30	40	50	60	70	80	90
11	onze	21	31	41	51	61	71	81	91
12	douze	22	32	42	52	62	72	82	92
13	treize	23	33	43	53	63	73	83	93
14	quatorze	24	34	44	54	64	74	84	94
15	quinze	25	35	45	55	65	75	85	95
16	seize	26	36	46	56	66	76	86	96
17	dix-sept	27	37	47	57	67	77	87	97
18	dix-huit	28	38	48	58	68	78	88	98
19	dix-neuf	29	39	49	59	69	79	89	99

NOTA. — Les dispositions toutes nouvelles de ce tableau et du suivant permettent d'apprendre facilement aux enfants la lecture et l'écriture des nombres, soit en chiffres arabes, soit en chiffres romains.

CHIFFRES ROMAINS.

I	V	X	L	C	D	M
1	5	10	50	100	500	1000

I	VI	XI	XVI
1	6	11	16
II	VII	XII	XVII
2	7	12	17
III	VIII	XIII	XVIII
3	8	13	18
IV	IX	XIV	XIX
4	9	14	19
V	X	XV	XX
5	10	15	20

X	LX	C	DC
10	60	100	600
XX	LXX	CC	DCC
20	70	200	700
XXX	LXXX	CCC	DCCC
30	80	300	800
XL	XC	CD	CM
40	90	400	900
L	C	D	M
50	100	500	1000

AVIS AUX MAITRES

(TRÈS-IMPORTANT)

L'*orthographe* est l'art d'*écrire* correctement les mots *parlés*; la *lecture* c'est l'art de *prononcer* correctement les mots *écrits*.

Un syllabaire, destiné à apprendre à lire, doit donc être un *Traité de la prononciation appliquée à l'écriture*.

C'est ce que nous avons tâché de faire, en nous appuyant toujours sur les règles et les principes de cette partie de la grammaire qui s'occupe surtout des lettres prises, soit isolément, soit dans leurs combinaisons *invariables*.

Or, la grammaire définit les *consonnes*: « *des lettres qui ne peuvent se prononcer qu'avec le concours d'autres lettres qu'on appelle des voyelles.* » Donc, avant d'apprendre à prononcer les consonnes, il faut connaître les voyelles. C'est ce qui explique pourquoi nous avons placé celles-ci avant les consonnes dans notre alphabet.

Parmi les voyelles, celle qui est le plus souvent employée dans l'écriture, celle que l'on se figure toujours placée à la suite de toute consonne isolée, afin de pouvoir la prononcer malgré cet isolement, c'est **e**. A ces titres, qui lui donnent une extrême importance, nous lui devions, et nous lui avons, en effet, assigné le premier rang parmi les voyelles.

Y n'est pas autre chose qu'une seconde forme de l'**i**. Aussi, loin de les séparer par un long intervalle dans l'alphabet, comme s'ils différaient profondément, nous les avons fait suivre, au contraire, comme représentant un seul et même son.

H n'est ni une voyelle, ni une consonne; c'est tout au plus un signe qui modifie autrement que les voyelles la prononciation de quelques consonnes. Nous ne pouvions la ranger ni parmi les voyelles, ni parmi les consonnes; nous l'avons placée entre les unes et les autres.

Pourquoi disperser dans toute l'étendue de l'alphabet **p**, **b**, **m**, qui se prononcent cependant avec les mêmes mouvements des lèvres? Ne vaut-il pas mieux les rapprocher? Au moins l'enfant ne s'étonnera pas de rencontrer dans les exercices ultérieurs les mêmes sons représentés de deux manières différentes: *ponte, pompe, bonde, bombe*. Il comprendra aisément que deux lettres fort semblables puissent s'attirer et s'unir comme deux lettres sœurs ou amies.

Les mêmes observations s'appliquent à **t**, **d**, **n**; à **f**, **v**; à **k**, **q**, **g**; à **s**, **z**.

A propos de **f** et de **v**, disons qu'ils démontrent à eux seuls la supériorité de l'appellation moderne des lettres sur l'appellation ancienne. Comment reconnaître, en effet, en les prononçant *èf*, *vé*, la parenté qui unit ces deux lettres et les fait souvent se substituer l'une à l'autre? Prononcez *fe*, *ve*, cette parenté apparaît aussitôt, rendue sensible et par la ressemblance des sons produits, et par la similitude des mouvements des lèvres; *neuf*, *neuve*.

Dans certains pays, quelques personnes peu lettrées disent: *èstatue*, *èsculpture*, etc., pour dire: *statue*, *sculpture*, etc., et, bien qu'elles fassent en cela preuve d'un fort esprit de logique, on se moque quelquefois d'elles. Cependant la faute ne se commettrait pas si les maîtres mieux avisés enseignaient l'alphabet avec la prononciation *se*, au lieu de la prononciation *èss* qu'on ne retrouve d'ailleurs dans *aucun mot*.

Ce n'est donc pas sans raison que nous avons adopté, et que nous conseillons fortement l'appellation moderne dans l'étude de l'alphabet.

X se prononçant *cs*, ne pouvait naturellement venir qu'après ces deux lettres.

Nous avons conservé à chaque lettre, contrairement à l'usage suivi jusqu'à ce jour, le son qui lui est propre, son son *grammatical*. e fait *eu*; c, *que*; g, *gue*. Nous le reprochera-t-on? Nous accusera-t-on d'avoir augmenté les difficultés de l'alphabet? Mais il n'est pas plus difficile de prononcer *eu*, *que*, *gue*, que de prononcer *é*, *cé*, *gé*; les sons durs existent déjà d'ailleurs avec le *q* et le *k* de l'ancien alphabet; et de plus, nous sommes d'accord avec la grammaire.

Le même esprit de logique et de méthode qui nous a fait changer l'ordre alphabétique universellement adopté à cette heure, nous a inspiré aussi dans la confection du *syllabaire*.

Là, notre principal but consistait à épargner au professeur les fatigues et l'irritation qui en résulte; à l'élève, des difficultés trop grandes et le découragement qu'elles entraînent.

La tâche était ardue, mais le succès n'était assuré qu'à la condition de la remplir.

Il a fallu d'abord partir de cette idée qu'il importait d'intéresser l'enfant à l'étude de la lecture, en le faisant immédiatement déchiffrer, non pas de simples syllabes sans aucune signification, et ne ressemblant en définitive qu'à des cris, mais bien des mots, aussi faciles à lire cependant que de simples syllabes, et rappelant de plus à l'esprit des objets, choisis, autant que possible, parmi les plus connus du jeune âge.

Il va sans dire que les terminaisons de ces mots en *pe, be, me*, etc., ne présentent pas la moindre difficulté pour l'enfant qui a appris l'alphabet avec l'appellation moderne. Il y retrouve, en effet, simplement, écrite et visible, la voyelle **e** dont il supposait l'existence pour les besoins de l'appellation, à la suite de chaque consonne, quand il étudiait l'alphabet. Et, du moment que pour l'étude de l'alphabet, il a eu recours à la voyelle **e**, et qu'il a prononcé *pe*, *be*, *me*, etc., rien ne lui semble plus naturel que de prononcer de la même manière, *sans épellation détachée des lettres* et avec une seule émission de voix, *pa*, *pi*, *po*, *pu*, *ba*, *bi*, *bo*, *bu*, etc., suivant que *a*, *i*, ou toute autre voyelle, vient remplacer *e* à la suite des consonnes.

Ce n'était pas tout de trouver des mots simples, il fallait encore qu'ils fussent assez nombreux pour éviter la violence que fait en quelque sorte à l'attention de l'élève le maître, qui le force à répéter comme il le faut la même syllabe une première fois mal lue. En présentant trois mots de suite renfermant la même syllabe, si elle est mal lue une première fois, le maître relève la faute, mais il n'en fait pas moins poursuivre la lecture, le mot suivant devant précisément ramener la syllabe qui a motivé la rectification. L'enfant ainsi ne se déconcerte pas. La répétition qui lui paraît un reproche et une peine, si elle est exigée par le maître, ne lui paraît plus rien, quand elle est le fait du livre même. Puis, pour peu qu'il franchisse ainsi des lignes et des pages, il lui semble faire de rapides progrès, et l'opinion avantageuse qu'il acquiert ainsi de lui-même l'enhardit, l'encourage, et le pousse forcément à de nouveaux et plus réels succès.

Une conséquence nécessaire de cette substitution du livre au maître pour la répétition des syllabes incorrectement prononcées, c'est aussi un allégement notable aux fatigues et à la surexcitation de ce dernier.

On remarquera encore que, grâce à la combinaison de nos exercices, le maître peut, à volonté, ou faire voir les unes après les autres chacune des consonnes de la même série avec les cinq voyelles d'appui, en allant de gauche à droite, ou faire voir de suite toutes ces consonnes avec la même voyelle d'appui, en lisant de haut en bas.

Cette faculté de prendre indifféremment l'une ou l'autre marche, nous avons tâché de la conserver dans tous les exercices auxquels elle nous a paru pouvoir s'adapter. Nous lui attribuons l'avantage de tenir toujours en éveil l'attention de l'enfant, et d'empêcher que dans ses progrès la *mémoire des lieux*, si nous pouvons ainsi parler, ait plus de part que la *mémoire des formes*. Autrement, il suffit souvent d'une interversion des lettres pour les rendre méconnaissables à l'élève.

Il est inutile de nous étendre longuement sur le cadre général de notre syllabaire. Un coup d'œil rapide le montrera, du reste, suffisamment. Il procède toujours du simple au composé, du plus facile au moins facile. D'abord, il présente les voyelles seules, puis l'**h** muette, puis les consonnes avec les cinq voyelles d'appui, formant ainsi les syllabes de notre langue que nous estimons les plus faciles à prononcer de toutes. Les difficultés s'accroissent ensuite. Deux consonnes, au lieu d'une, précèdent les voyelles. Immédiatement après, arrivent les voyelles accentuées que nous avons renvoyées aussi loin, afin de pouvoir offrir aux élèves un exercice d'autant plus complet qu'alors leur avancement nous permet d'employer des syllabes à plusieurs consonnes consécutives. Vient aussitôt le tour des voyelles suivies d'abord d'une consonne, puis de consonnes redoublées. La graduation logique des difficultés appelle ensuite les voyelles composées, et les voyelles nasales simples ou composées. Après elles, apparaît **l** mouillé qui nous conduit à l'étude des diphthongues avec leurs nombreuses variétés.

Ici s'ouvre la seconde partie du syllabaire, celle qui est la plus importante pour la préparation de l'élève à l'étude de l'orthographe. Il s'agit d'apprendre à connaître les voyelles qui, bien qu'admises par l'usage dans l'écriture, ne sont cependant pas comptées dans la prononciation. D'autres, au contraire, sont prononcées avec un accent que l'écriture n'indique pas. Enfin, il est des voyelles dont les groupes se décomposent par la présence d'un accent, ou par l'intervention de **y** ou de **h**.

Quelques consonnes sont aussi sujettes, dans certains cas, au *mutisme* dont nous venons de parler, à propos des voyelles. Un exercice les fait connaître. Il en est même dont la prononciation change complètement dans des conditions déterminées. Nous avons donné des exemples de ces changements, en les complétant, toutes les fois qu'il était possible, par l'énoncé même des règles qui y président.

Le tout ne pouvait évidemment bien se terminer qu'avec un choix judicieux d'exercices de lecture courante, à la portée de l'intelligence de l'enfant, pleins d'attraits, variés, bien écrits, et assez courts pour lui faire espérer d'en atteindre promptement la fin.

Un mot encore sur l'utilité multiple d'un syllabaire ainsi conçu!

N'est-il pas, comme tout syllabaire doit l'être, une excellente préparation à l'étude de l'orthographe, l'indispensable introduction, et la meilleure que l'on puisse donner à la grammaire? Aussi bien, la partie de la grammaire qui s'occupe de l'orthographe intérieure des mots a été jusqu'ici à peu près complètement omise dans les classes primaires. N'est-ce pas une bonne chose que de l'y faire entrer, et de lui donner la place qu'elle doit y occuper en toute justice?

Ce résultat sera aisément obtenu, en faisant reprendre, à partir de l'alphabet, notre syllabaire une première fois fini; mais, cette seconde fois, en laissant l'élève lire lui-même les annotations que nous y avons prodiguées, moins à l'adresse des instituteurs, dont le savoir égale le dévouement, qu'à l'adresse des mères de famille qui commencent elles-mêmes l'instruction de leurs enfants, mais sans être cependant assez instruites pour goûter tout l'attrait qu'une semblable tâche peut offrir à l'intelligence. Il n'est pas besoin d'ajouter que si l'élève est un adulte, le contenu de ces notes doit lui être appris de vive voix, dès la première lecture, au fur et à mesure qu'elles se présentent.

Mais si l'élève, au lieu d'être Français, est étranger, ce syllabaire ne peut-il pas être entre ses mains, tout à la fois et un recueil d'exercices de traduction, et un recueil d'exercices de prononciation? Au point de vue de la prononciation surtout, on peut avancer qu'il y trouvera ce qu'aucun dictionnaire classique ne lui donnerait; nous voulons dire les règles générales de la prononciation, résumées en de courtes lignes, et accompagnées de toutes leurs exceptions.

Notre syllabaire peut encore servir à tous les instituteurs indistinctement, aussi bien aux partisans de la syllabation qu'aux partisans de l'épellation, et aux partisans de l'épellation moderne qu'aux partisans de l'épellation ancienne. Il est pour cela commencé par un alphabet et un tableau syllabique entiers, que les maîtres seront libres d'enseigner, avant de passer à la lecture des mots, ou d'omettre tout à fait, pour entreprendre immédiatement cette lecture. Toutefois, en ce qui nous concerne, nous préférerions apprendre d'abord parfaitement aux enfants les six voyelles, puis la plupart des consonnes, principalement celles qui ont la même forme majuscule et minuscule, et de là mettre immédiatement les élèves aux prises avec les exercices de la page 5, qui suivent l'alphabet usuel. en laissant, par conséquent, de côté et cet alphabet et le tableau syllabique.

Ainsi, cet ouvrage va même jusqu'à se prêter à l'application des méthodes les plus différentes.

Telle est du moins l'idée que nous nous formons des avantages de notre syllabaire. Tous nos efforts ont tendu à les réaliser. C'est aux instituteurs maintenant à nous juger, et à dire si nous avons réussi. Si nous avons quelquefois failli, nous comptons fortement sur leurs observations et leurs critiques pour redresser nos erreurs. Qu'ils ne nous les épargnent pas; elles seront reçues avec plus de reconnaissance et même avec plus de plaisir que leur approbation, parce qu'elles nous aideront à mieux faire encore plus tard.

Saint-Etienne, imprimerie Montagny, angle des rues Gérentet et de Lodi.